Beweglichkeits- und Koordinationstraining für eine sportliche Person

Michelle Stettinski

Bibliografische Information der Deutschen Nationalbibliothek:

Die Deutsche Nationalbibliothek verzeichnet diese Publikation in der Deutschen Nationalbibliografie; detaillierte bibliografische Daten sind im Internet über http://dnb.d-nb.de abrufbar.

ISBN: 9783389022177
Dieses Buch ist auch als E-Book erhältlich.

© GRIN Publishing GmbH
Trappentreustraße 1
80339 München

Druck und Bindung: Books on Demand GmbH, Norderstedt Germany
Gedruckt auf säurefreiem Papier aus verantwortungsvollen Quellen

Das Buch bei GRIN: https://www.grin.com/document/1472074

Deutsche Hochschule für
Prävention und Gesundheitsmanagement
Hermann-Neuberger-Sportschule 3
66123 Saarbrücken

Name, Vorname	Stettinski, Michelle
Studiengang	B.A. Sportökonomie
Studienmodul	Trainingslehre 3
Datum Präsenzphase (siehe Ergebnisdokumentation)	22.08.2022 – 24.08.2022
Aufgabe	Die Erstellung einer Trainingsplanung für das Beweglichkeits- und Koordinationstraining einer sportlich aktiven Person.

Inhaltsverzeichnis

1 Personendaten

Im Rahmen des übergeordneten Prinzips der Individualität und Altersgemäßheit ist es nötig vor der Trainingsplanung relevante Daten sowie Einschränkungen der Sportlerin zu erfassen, um in der späteren Planung Trainingsreize zu setzten, die ihrer psychophysischen Belastbarkeit entsprechen. Diese Daten werden in Tabelle 1 dargestellt.

Tabelle 1: Allgemeine und biometrische Daten der Sportlerin

Alter	22 Jahre	Geschlecht	Weiblich
Körpergröße	163 cm	Körperge-wicht	72 kg
Trainingsmotive	Verbesserung der Beweglichkeit	Berufliche Tätigkeit	Kindergärtnerin
Aktuelle sportliche Aktivitäten	Seit einem halben Jahr führt die Teilnehmerin 3-4 Einheiten Grappling pro Woche durch.	Frühere sportliche Aktivitäten	Seit dem 15 Lebensjahr Training im Boxverein, sowie zusätzlich unregelmäßiges, unplanmäßiges Ausdauertraining.
Zeitlicher Verfügungsrahmen	3 Einheiten pro Woche a 60 min		
Orthopädische Beschwerden	Ohne Befund		
Internistische Beschwerden	Ohne Befund		
Ärztliche Behandlungen	Keine		
Medikamente	Keine		
Sonstige gesundheitliche Einschränkungen	Ohne Befund		

Eine Auswertung der erhobenen Daten zeigt, dass sich die Person in einem optimalen Zustand für Beweglichkeitstraining befindet. Auch die aufgeführte Trainingserfahrung lässt auf ein gewisses Maß an Beweglichkeit schließen, da diese für die Ausübung der genannten Sportarten von Bedeutung ist. Es sollte jedoch beachtet werden, dass die einseitige Belastung und Körperhaltung durch das Boxtraining zu Bewegungsdefiziten in der Brustwirbelsäule und einem sportartspezifischen Stereotyp, in diesem Fall zu einer leichten Hyperkyphose im Brustwirbelbereich, geführt haben könnte.

Der sportliche Hintergrund lässt außerdem auch auf eine gut ausgeprägte Gleichgewichtsfähigkeit schließen, da die Stabilität insbesondere bei Kampfsportarten eine große Rolle spielt.

2 Trainingsplanung Beweglichkeitstraining

2.1 Übungsauswahl und Dehnmethoden im Beweglichkeitstraining

In der folgenden Tabelle werden die Übungen dargestellt, welche die Probandin im Rahmen ihres Beweglichkeitstrainings absolvieren soll.

Tabelle 2: Dehnübungen für die Muskulatur des Oberkörpers

	Zielmuskulatur	Dehnmethode	Bewegungsbeschreibung
1	m. pectoralis major	Passiv statisches Dehnen	Die Probandin steht seitlich zu einer Wand. Sie hebt einen Arm bis auf Schulterhöhe. Die Handinnenfläche wird nach außen rotiert und zeigt nach vorne. Sie nimmt die Dehnposition ein, indem sie ihre Handfläche gegen die Wand drückt und nach vorne geht, bis die Dehnung zu spüren ist. Diese Position wird statisch gehalten.
2	m. pectoralis major M. deltoideus pars clavicularis M. biceps brachii	Aktiv dynamisches Dehnen	Die Probandin verschränkt ihre Arme hinter dem Körper, sodass die Handflächen zueinander zeigen. Um die Dehnung zu initiieren, führt sie nun beide Arme nach oben ohne die Schultern hochzuziehen. Für die dynamische Durchführung werden die Arme abwechselnd angehoben und wieder abgesenkt.
3	m. trapezius, m. rhomboidei	Aktiv statisches Dehnen	Die Probandin streckt im Stand ihre Arme in Schulterhöhe und verschränkt ihre Hände vor ihrem Körper. Sie nimmt die Dehnposition ein, indem sie die Schulterblätter aktiv weg von der Wirbelsäule nach vorne zieht und zusätzlich den Kopf nach vorne schiebt. Dies wird statisch gehalten.
4	m. trizeps brachii	Aktiv passiv dynamisches Dehnen	Die Probandin beugt ihren Ellenbogen maximal und fixiert den Arm seitlich neben ihrem Kopf. Die Dehnung wird initiiert, indem sie mit der anderen Hand den Ellenbogen des gebeugten Arms zur Körpermitte zieht. Während der Dehnung liegt die Hand des gedehnten Arms zwischen den Schulterblättern auf und der Blick ist gerade nach vorne gerichtet. Durch den Zug am Ellenbogen wird die Dehnung im Wechsel verringert und verstärkt.
5	m. latissimus dorsi m. obliquus externus abdominis m. obliquus internus abdominus	Aktiv statisches Dehnen	Die Probandin richtet ihren Brustkorb auf und streckt ihre Arme im Stand gerade nach oben über ihren Kopf. Sie nimmt die Dehnposition ein, indem sie den Oberkörper leicht zur Seite, während das Becken gerade bleibt. Um den Zug zu verstärken, zieht sie den oberen Arm aktiv nach oben. Diese Position hält sie statisch.
6	Mm. erector spinae	Aktiv dynamisches Dehnen	Die Probandin beginnt im Vierfüßlerstand und spannt aktiv ihre Bauchmuskulatur an. Nun wölbt sie ihre Wirbelsäule maximal nach oben gewölbt. Dann entspannt die Probandin die Bauchmuskulatur etwas, bringt die Wirbelsäule wieder in eine neutrale Position. Dieser Vorgang wird einige Male wiederholt.

Tabelle 3: Dehnübungen für die Muskulatur des Unterkörpers

	Zielmuskulatur	Dehnmethode	Bewegungsbeschreibung
7	m. quadrizeps femoris	Aktiv passiv statisches Dehnen	Die Probandin greift im Stand mit ihrer Hand das gleichseitig gebeugte Bein knapp über dem Sprunggelenk am Unterschenkel und zieht die Ferse maximal zum Gesäß. Um alle Köpfe des Muskels zu dehnen, wird das Becken gekippt uns somit die Hüfte gestreckt. Diese Position wird statisch gehalten.
8	M. biceps femoris M. semimembranosus M. semitendinosus	Postisometrische Dehnmethode	Die Probandin beginnt in Rückenlage und zieht ein Bein an der Oberschenkelrückseite zu sich heran. Das andere Bein liegt währenddessen gestreckt auf der Matte. Durch Kontraktion des M. quadrizeps femoris wird das Kniegelenkt maximal gestreckt. Sie sieht so lange ihr Bein zu sich, bis sie die Dehnschwelle erreicht. Nun kontrahiert sie isometrisch die rückseitige Oberschenkelmuskulatur, während sie das Bein weiterhin zu sich heranzieht, dann löst sie die Dehnposition für ca. 5 Sekunden. Nun leitet sie wieder die Dehnung ein, jedoch diesmal bis die Dehnungsgrenze erreicht wird und ein leichter Schmerz die Dehnung begleitet. Sie kontrahier die Muskulatur erneut und löst die Spannung dann wieder. Nach der kurzen Pause wird dieser Vorgang wiederholt, doch in diesem Durchgang nimmt die Probandin die Position der maximalen Bewegungsreichweite ein. Je nach Bewegungsreichweite kann die Probandin für diese Ausführung einen Partner oder Objekte wie einen Stuhl oder ein Band zur Hilfe nehmen.
9	M. iliopsoas M. rectus femoris	Aktiv passiv statisches Dehnen	Die Probandin beginnt die Übung im Kniestand und stellt einen Fuß vor ihrem Körper auf. Das Knie ist gebeugt und der Fuß steht vor dem Knie. Der komplette Unterschenkel des hinteren Beins hat Kontakt zur Matte. Der Oberkörper ist aufgerichtet und die Hände ruhen auf dem vorderen Oberschenkel. Um die Dehnung zu initiieren, wird das Gesäß angespannt und die Hüfte gestreckt. Diese Position hält die Probandin nun statisch.
10	M. gastrocnemius M. soleus	Aktiv dynamisches Dehnen	Aus dem Stand heraus setzt die Probandin ein Bein gestreckt hinter den Körper. Der komplette Fuß soll dabei auf dem Boden aufsetzten. Das Kniegelenk des vorderen Beins ist leicht gebeugt und sie lehnt ihren Oberkörper leicht nach vorne. Beide Füße zeigen parallel nach vorne. Um die Dehnung einzuleiten, beugt die Probandin das vordere Bein und lehnt sich nach vorne. Diese Dehnposition wird im Wechsel leicht gelöst und wieder verstärkt, indem sie das vordere Knie langsam streckt und beugt.

2.2 Belastungsgefüge Beweglichkeitstraining

Die folgende Tabelle stellt das Belastungsgefüge für die zuvor genannten Dehnübungen dar.

Tabelle 4: Belastungsparameter für das Beweglichkeitstraining

Trainingshäufigkeit pro Woche	3 Einheiten pro Woche
Sätze pro Übungen	3 Serien pro Übung
Dehndauer	45 Sekunden
Dehnintensität	Mindestens bis zur Dehngrenze

2.3 Begründung zur Trainingsplanung für das Beweglichkeitstraining

Das Belastungsgefüge ist auf die bisherige Vorerfahrung und auch die zu erwartende Belastungsfähigkeit der Sportlerin zugeschnitten. Aus ihrem Profil geht hervor, dass sie bereits einige Trainingserfahrung gesammelt hat und die Schmerzgrenzen ihres Körpers ausreichend einschätzen kann. Aus diesem Grund soll die Dehnintensität im Bereich der Dehngrenze nach Schönthaler & Ohlendorf (2002) abspielen, also die Dehnung soll mindestens so intensiv erfolgen, dass ein Dehnschmerz einsetzt. Dieser Schmerz ist der Sportlerin mit Hinblick auf die bisherige Bewegungserfahrung zumutbar. Darüber hinaus gelten hohe Dehnintensitäten allgemein als effektiver als niedrige, wie beispielsweise die Studie „Wie beeinflussen unterschiedliche Dehnintensitäten kurzfristig die Veränderung der Bewegungsreichweite?" (Marschall, 1999) belegt. Da die empfohlene Dauer einer Dehnserie bis zu 45 Sekunden beträgt (Freiwald, 2000) wurde auch hier eine maximale Belastungsdauer gewählt, um einen ausreichenden Reiz für die Muskulatur zu setzten. Die Trainingshäufigkeit pro Woche orientiert sich am zeitlichen Verfügungsrahmen der Sportlerin, wobei eine häufigere Durchführung des Programms nicht zu Nachteilen für die Sportlerin führen würde, da das Dehnen keine starke energetisch bedingte Ermüdung mit sich bringt.

Bei der Übungsauswahl wurde berücksichtigt, dass alle wichtige Muskel-Gelenk-Systeme von der Dehnung betroffen sind. Aufgrund der vermuteten Hyperkyphose in der Brustwirbelsäule wurde der Schwerpunkt speziell auf die Dehnung der Brustmuskulatur, sowie des vorderen Anteils des Deltamuskels gesetzt. Um die Dehnung jedoch nicht einseitig durchzuführen, wird neben der Muskulatur der Körpervorderseite auch die rückseitige Muskulatur entsprechend gedehnt. Die Dehnung des Trapezmuskels, sowie der Rhomboiden erfordert außerdem eine Bewegung der Brustwirbelsäule, wodurch die Beweglichkeit dieser zusätzlich gesteigert werden soll.

Bei der Dehnung der Beinmuskulatur wurde darauf geachtet vor allem auch Muskulatur zu dehnen, welche die Beweglichkeit der Hüfte beeinflusst. Diese Beweglichkeit ist speziell beim Grappling wichtig, um eine vorteilhafte Körperhaltung einnehmen und um bestimmte Techniken anwenden zu können.

3 Trainingsplanung Koordinationstraining

3.1 Übungsauswahl Koordinationstraining

Im Folgenden werden die ausgewählten Koordinationsübungen aufgeführt, welche die Probandin durchführen soll.

Tabelle 5: Gleichgewichtsübungen ohne Hilfsmittel

	Bewegungsbeschreibung
1	Die Probandin steht etwa hüftbreit, ihre Fußspitzen zeigen leicht nach außen. Die Fußsohlen werden gleichmäßig auf dem Großzehenballen, dem Kleinzehenballen und der Ferse belastet. Die Knie sind leicht gebeugt und das Becken ist muskulär in der Mittelstellung fixiert. Die Brustwirbelsäule wird aktiv aufgerichtet und die Halswirbelsäule dient als Verlängerung der Brustwirbelsäule. Ihre Schultern werden nach hinten und nach unten gezogen. Diese Haltung wird beibehalten und die Probandin lehnt ihren Körper in alle Richtungen, um sich aus dem Lot zu bringen. Danach kehrt sie direkt wieder in die Ausgangsposition zurück. Um die Übung zu erschweren, wird in den folgenden Durchgängen mit dem Körper ein Kreis vollzogen, sodass die Probandin permanent nicht im Lot ist.
2	Die Probandin steht im Einbeinstand, wobei das Gewicht gleichmäßig auf dem Großzehenballen, dem Kleinzehenballen und der Ferse verteilt ist. Das Bein ohne Kontakt zum Boden ist im Knie leicht gebeugt. Zunächst wird diese Position erstmal nur stabilisiert, doch dann bringt sich die Probandin durch Bewegungen nach außen wieder aus dem Lot und stabilisiert sich. Dies wird auf beiden Beinen durchgeführt.
3	Aus der Position des Einbeinstands wie oben beschrieben, wird nun erst ein Bein vor- und zurück geschwungen und dann zusätzlich die Arme. Zuerst richtungssynchron und dann gegenläufig zu der Bewegung des Beins.

Tabelle 6: Gleichgewichtsübungen mit Hilfsmitteln

	Bewegungsbeschreibung	Hilfsmittel
4	Aus der Position des Einbeinstands wie zuvor beschrieben, prellt die Probandin nun einen Pilatesball seitlich neben sich. Nach 6-mal prellen, wird die Seite gewechselt.	Pilatesball
5	Die Probandin steht auf einem Bein wie oben beschrieben und wirft ihn gegen eine Wand vor sich. Ohne das andere Bein abzusetzen, fängt sie ihn wieder und wirft erneut. Nach fünf Würfen wird das Bein gewechselt. Um den Schwierigkeitsgrad zu erhöhen, kann der Ball in ungünstige Positionen geworfen werden.	Pilatesball
6	Die Probandin steht im Einbeinstand und ein Partner manipuliert diesen durch langsame Druckübungen an unterschiedlichen Körperstellen und Seiten. Die Probandin muss diesen Druck permanent ausgleichen, um im stabilen Stand zu bleiben. Der Druck sollte zu Beginn langsam und moderater Intensität abgegeben werden. Nach 30 Sekunden wird das Standbein gewechselt.	Partner
7	Die Probandin steht ihrem Partner gegenüber, beide stehen im Einbeinstand. Durch Impulse mit dem freien Bein, versuchen beide sich gegenseitig aus dem Gleichgewicht zu bringen. Beide müssen sich währenddessen permanent gegen die Impulse stabilisieren und das Gleichgewicht erhalten. Nach 30 Sekunden wird das Bein gewechselt.	Partner
8	Die Probandin steht ihrem Partner gegenüber und berühren sich an den Handflächen, beide stehen im Einbeinstand. Durch Impulse mit den Handflächen, versuchen beide sich gegenseitig aus dem Gleichgewicht zu bringen. Beide müssen sich währenddessen permanent gegen die Impulse stabilisieren und das Gleichgewicht erhalten. Nach 30 Sekunden wird das Bein gewechselt.	Partner
9	Die Probandin kniet seitlich neben dem Fitball, legt dann einen Arm so darüber, dass sie mit ihrer Arminnenseite, sowie der Seite ihres Rumpfs Kontakt zu dem Ball hat. Zuerst stellt sie das obere Bein auf, indem sie es streckt und dann das Untere, sodass sie im Seitstütz auf dem Ball balanciert. Diese Position hält sie bis zu 30 Sekunden und wechselt dann die Seite.	Fitball
10	Die Probandin steht mit etwas Entfernung vorgebeugt hinter dem Fitball, ihre Hände liegen darauf auf. Nun schiebt sie ihr Becken nach vorne und stabilisiert ihren Körper im Unterarmstütz auf dem Ball. Daraufhin rollt sie mit ihrem Rumpf über den Ball nach vorne, bis nur noch ihre Füße und der untere Teil des Schienbeins Kontakt zum Ball haben. Ihre Hände werden währenddessen auf dem Boden abgestützt.	Fitball

3.2 Belastungsgefüge Gleichgewichtstraining

Die folgende Tabelle stellt das Belastungsgefüge für die zuvor genannten Gleichgewichtsübungen dar.

Tabelle 7: Belastungsparameter für das Gleichgewichtstraining

Trainingshäufigkeit pro Woche	3 Einheiten pro Woche
Sätze pro Übungen	3 Serien pro Übung
Belastungsdauer	Bis zu 30 Sekunden
Satzpause	30 Sekunden

3.3 Begründung zur Trainingsplanung für das Gleichgewichtstraining

Die Reihenfolge der Übungen wurde nach dem Trainingsprinzip der steigenden Komplexität angeordnet und soll von Übung zu Übung eine höhe Anforderung an die Koordination und die Gleichgewichtsfähigkeit der Probandin stellen. Um vorerst nur wenig intensive Reize zu setzten, wird am Anfang des Trainings auf Hilfsmittel verzichtet und die Probandin ist angehalten sich vollständig auf ihre Eigenwahrnehmung zu konzentrieren. Zu Beginn des Koordinationstrainings werden einige propriozeptive Übungen eingebaut, um die Eigenwahrnehmung und die Stabilisation der Gelenke zu fördern. Das Training der Propriozeption ermöglicht der Sportlerin Störeinflüsse von außen, die zu Veränderungen im Bewegungssystem sorgen, wie es im Kampfsport permanent der Fall ist, besser auszugleichen und reflektorisch zu korrigieren. Neben der Gleichgewichtsfähigkeit umfasst das propriozeptive Training auch die Anpassungs- und Reaktionsfähigkeit (Häferling & Schuba, 2007, S. 21) und ist somit in mehrfacher Hinsicht bedeutend für den Trainingserfolg der Sportlerin.

Um den Schwierigkeitsgrad langsam weiter zu erhöhen und die Reize den Bewegungsmuster im Kampfsport anzupassen, wurden ab der vierten Übung diverse Hilfsmittel hinzugezogen. Da während dem Kampf die Gleichgewichtsfähigkeit nur eine von vielen Koordinativen Anforderungen darstellt, soll die Probandin zusätzlich zum Einbeinstand diverse andere Bewegungsmuster ausführen, um durch einen zusätzlichen Organisationsdruck (Neumaier & Mechling, 1994) höhere Anforderungen an die Sportlerin zu schaffen.

Um die von außen wirkenden Reizen, die ein Partner im Kampfsport durch Schläge, Griffe, Druck oder Zug ausübt, zu simulieren, wird für die darauffolgenden Übungen ein Partner hinzugezogen. Die Probandin muss sich trotz der Störeinflüsse des Partners permanent im Gleichgewicht halten, um nicht in eine instabile Lage gebracht zu werden. Dies ähnelt sehr dem Szenario im Training oder im Kampf, doch kann in diesem Rahmen unter kontrollierten Bedingungen durchgeführt werden. Eine gute Absprache, sowie Einfühlungsvermögen durch den Partner sind bei dieser Form der Übung unabdingbar.

Da sich das Grappling nicht ausschließlich im Stand abspielt, sondern zu einem großen Teil auf dem Boden in unterschiedlichen Körperhaltungen, wurden zum Abschluss einige Übungen mit dem Fitball ergänzt. Dieser bietet die Möglichkeit das Gleichgewichtstraining in verschiedenen Positionen und in unterschiedlichen Richtungen durchzuführen. Diese instabile Trainingsfläche bietet die Möglichkeit zu üben in verschiedenen Haltungen, die Körperstabilität zu wahren. Während man beim Grappling oft auf dem Gegner liegt und versucht diesen zu Boden zu drücken, während dieser sich selbst aufrichten will, muss hier die Instabilität des Balls durch gezieltes Verlagern des Körperschwerpunkts ausgeglichen werden. Beide Bewegungsarten erfordern ein großes Maß an Gleichgewichtsfähigkeit und zwingen die Probandin ein gutes Gefühl für ihren Körperschwerpunkt zu entwickeln.

Die Trainingshäufigkeit pro Woche wurde anhand des zeitlichen Verfügungsrahmens der Sportlerin festgelegt, wobei eine häufigere Durchführung des Programms möglich ist, da es lediglich zu einer nervalen Ermüdung kommt, welche nach einiger Zeit wieder abklingt. Wichtiger ist die Dauer der Trainingseinheit, welche 45 Minuten nicht überschreiten sollte. Auch der Zeitpunkt ist relevant, da es nur im ausgeruhten Zustand im Anschluss an das Aufwärmtraining durchgeführt werden sollte. Die Belastungsdauer kann gesteigert werden, wenn festgestellt wird, dass die Sportlerin nicht zu sehr ermüdet, die ist stark vom subjektiven Empfinden der Sportlerin abhängig. Die Übung sollte sofort abgebrochen werden, wenn die Bewegungsqualität nicht mehr gewährleistet werden kann.

4 Literaturrecherche

Die folgenden Studien behandeln den Themenkomplex „Effekte eines Gleichgewichtstrainings im Hinblick auf die Sturzprophylaxe".

Tabelle 8: Literaturrecherche, Studie 1

Studie	E-health StandingTall balance exercise for fall prevention in older people: results of a two year randomised controlled trial
Studienführer	Briggs, N., Chow, J., Clemson, L., Close, J. Delbaere, K., Lord, S., Lung, T., McInerney, G., Miles, L. Toson, B., Valenzuela, van Schooten, K., T., Woodbury, A., Zijlstra, R.
Publikationsjahr und -ort	2021 im British Medical Journal
Forschungsfrage	Ist ein appgesteuertes E-Health Übungsprogramm für zu Hause in der Lage ein effektives, selbstständiges Sturzprophylaxe Training für ältere Personen zu ermöglichen?
Versuchspersonen	503 über 70-Jährige nicht pflegebedürftige Personen ohne geistige Einschränkungen, neurologischen Krankheiten oder sonstigen akuten Krankheitsbildern.
Versuchsaufbau	Die Testpersonen wurden zu Beginn einem Gleichgewichtstest unterzogen, bei dem sie in verschiedenen Standpositionen maximal 30 Sekunden das Gleichgewicht halten sollten. Diese Zeit wurde erfasst. Dann wurden sie auf das Gleichgewichtsprogramm (n=254) und auf eine Kontrollgruppe (n=249) aufgeteilt. Das Gleichgewichtsprogramm StandingTall wurde den Teilnehmern über ein Tablett zur Verfügung gestellt und betrug zu Beginn 40min pro Woche. Die Dauer des Trainings wurde progressiv gesteigert, bis die sie 2h pro Woche betrug. Zusätzlich zu dem Programm erhielten die Teilnehmer für das Gleichgewichtstraining Schaumpolster, einen Stepper und eine Matte für Übungen. Dieses Gleichgewichtsprogramm, sowie einige zusätzliche gesundheitsfördernde Maßnahmen, führten die Teilnehmer über einen Zeitraum von 2 Jahren durch. Die übrigen 249 Personen, dienten als Kontrollgruppe und führten kein Trainingsprogramm durch.
Ergebnisse	Nach 24 Monaten betrug die Sturzrate in der Interventionsgruppe 1,17 Stürze pro Jahr und in der Kontrollgruppe 1,39. Während der 24 Monate stürzten 270 Teilnehmer mindestens ein Mal, diese verteilten sich gleichmäßig auf beide Gruppen. Stürze mit Verletzung traten in der Interventionsgruppe bei 37,4% und in der Kontrollgruppe bei 46,2% der Teilnehmer auf. Dennoch ergaben die zuvor durchgeführten Gleichgewichtstests bei der Trainingsgruppe eine Steigerung der Gleichgewichtsfähigkeit von 11 Sekunden nach 6 Monaten und weiteren 10 Sekunden nach 12 Monaten.
Schlussfolgerung	Im Rahmen der zweijährigen Studie verbesserte sich die Sturzrate der Teilnehmer des Trainingsprogramm nicht signifikant im Vergleich zu der Kontrollgruppe mit dieser Studie nicht nachgewiesen werden konnte, dass ein regelmäßiges systematisches Gleichgewichtstraining eine effektive Maßnahme zur Sturzprophylaxe ist. Es konnte lediglich festgestellt werden, dass die Teilnehmer des Programms in einem statischen Gleichgewichtstest besser abschnitten als zuvor.

Tabelle 9: Literaturrecherche, Studie 2

Studie	The Effectiveness of a Community-Based Program for Reducing the Incidence of Falls in the Elderly: A Randomized Trial
Studienführer	Clemson, L., Cumming, R., Heard, R., Kendig, H., Swann, M., Taylor, K.
Publikations-jahr und -ort	2004 Journal of the American Geriatrics Society
Forschungs-frage	Ist es möglich durch ein Kleingruppentraining das Risiko für Stürze von alleinlebenden älteren Menschen zu senken?
Versuchsper-sonen	310 über 70-Jährige, die im letzten Jahr gestützt sind oder über sich selbst sagen, dass sie ein erhöhtes Risiko für Stürze haben.
Versuchsauf-bau	Zu Beginn der Studie wurden unter anderem Mobility- und Gleichgewichtstests mit den Probanden durchgeführt, sowie der Rhombergtest mit geschlossenen und geöffneten Augen und mithilfe von verschiedenen Fragebögen wurden die Teilnehmer auf einer modifizierten Sturz-Effizienz Skala eingestuft. Danach wurden die Probanden in eine Kontrollgruppe mit 153 Personen und die Interventionsgruppe mit 157 Personen aufgeteilt. Das Trainingsprogramm der Interventionsgruppe bestand aus einem Kraft- und Balancetraining, sowie zusätzlichen Maßnahmen zur Sensibilisierung der Teilnehmer für Risikofaktoren für Stütze. Das Programm wurde über 7 Wochen mit Gruppen aus je 12 Personen durchgeführt und dauerte wöchentlich 2h.
Ergebnisse	Nach dem Programm wurden die Sturzdaten der Probanden noch 14 Monate lang erfasst. In diesem Zeitraum kam es zu 255 Stürzen in der Kontrollgruppe und 179 Stürzen in der Trainingsgruppe. 58% der Personen aus der Kontrollgruppe stützen ein bis zwei Mal während der Folgezeit, in der Trainingsgruppe waren es nur 52%.
Schlussfolge-rung	Zusammenfassen lässt sich sagen, dass ein Gleichgewichtstraining das Risiko für Stürze verringern kann. Es sollte jedoch beachtet werden, dass zwar eine höhere Sturzrate in der Kontrollgruppe festgestellt wurde, diese aber nicht signifikant größer ist. Außerdem wurden die Ergebnisse noch bis zu 14 Monate nach dem Präventionsprogramm erfasst, sodass nicht eindeutig erfasst werden kann, wie stark sich der Effekt dieses 7-wöchigen Trainings noch auf die Sturzprophylaxe auswirkt.

5 Literaturverzeichnis

Briggs, N., Chow, J., Clemson, L., Close, J. Delbaere, K., Lord, S., Lung, T., McInerney, G., Miles, L. Toson, B., Valenzuela, van Schooten, K., T., Woodbury, A., Zijlstra, R. (2021). E-health StandingTall balance exercise for fall prevention in older people: results of a two year randomised controlled trial. *British Medical Journal, 374* (1908).

Clemson, L., Cumming, R., Heard, R., Kendig, H., Swann, M., Tay-lor, K. (2004). The Effectiveness of a Community-Based Program for Reducing the Incidence of Falls in the Elderly: A Randomized Trial. *Am Geriatr Soc.;52(9):1487-94.*

Freiwald, J. (2000). Dehnen im Sport und in der Therapie. *Die Säule, 4* (1), 28-33.

Gschwind, Y., Kressig, R., Lacroix, A., Muehlbauer, T., Pfenninger, B., Granacher, U. (2013). A best practice fall prevention exercise program to improve balance, strength / power, and psychosocial health in older adults: study proto-col for a randomized controlled trial. *BMC Geriatr 13, 105 (2013)*

Häferling, U. & Schuba, V. (2007). *Koordinationstherapie – propiozeptives Training* (Wo Sport Spaß macht, 3., überarb. Aufl.). Aachen: Meyer & Meyer.

Marschall, F. (1999). Wie beeinflussen unterschiedliche Dehnintensitäten kurzfristig die Veränderung der Bewegungsreichweite? *Deutsche Zeitschrift für Sportmedizin, 50* (1), 5-9.

Neumaier, A. & Mechling, H. (1994). Taugt das Konzept „koordinative Fähigkeiten" als Grundlage für sportartspezifisches Koordinationstraining? In P. Blaser, K. Witte & C. Strucke (Hrsg.), *Steuer und Regelvorgänge der menschlichen Motorik* (S.93-105). Sankt Augustin: Academia.

Schönthaler, S. R. & Ohlendorf, K. (2002). *Biomechanische und neurophysiologische Veränderungen nach ein- und mehrfach seriellem passiv-statischem Beweglichkeits-training* (Wissenschaftliche Berichte und Materialien / Bundesinstitut für Sportwissenschaft, 1.Aufl.). Köln: Sport und Buch Strauß.

6 Tabellenverzeichnis